Ethereum

La Guía Completa de Cómo Invertir tu Dinero en Ethereum y Crear Ingresos Pasivos Usando esta Criptomoneda

JAIME VENEGAS

La información contenida en este documento se ofrece únicamente con fines informativos, y es universal como tal. La presentación de la información se realiza sin contrato y sin ningún tipo de garantía endosada.

El uso de marcas comerciales en este documento carece de consentimiento, y la publicación de la marca comercial no tiene ni el permiso ni el respaldo del propietario de la misma. Todas las marcas comerciales dentro de este libro se usan solo para fines de aclaración y pertenecen a sus propietarios, quienes no están relacionados con este documento.

TABLA DE CONTENIDO

INTRODUCCIÓN

Además de romper récords, el Ether es una criptomoneda muy valiosa y con mucho potencial para los próximos años, pues posee un valor tanto industrial como intrínseco.

En los capítulos de esta guía, encontrarás:

- Una introducción al Ether y a Ethereum
- Las cuestiones más importantes que debes considerar antes de invertir en Ethereum
- Una explicación sobre la arquitectura de Ethereum

- El ecosistema empresarial de Ethereum

Esta guía te enseñará todo lo que debes saber sobre Ethereum. Si todavía dudas sobre invertir en esta plataforma, la información que encontrarás aquí te ayudará a tomar una decisión informada, y aprenderás cómo hacerlo paso a paso y de forma segura.

Si piensas que ya es demasiado tarde para invertir en el Ether y en la plataforma Ethereum, estás equivocado.

De hecho, llegas temprano a las inversiones en Ether, pues todavía no es de las criptomonedas más populares, a diferencia de Bitcoin y Litecoin. JP Morgan, Microsoft, Samsung e Intel son algunas de las compañías de alto nivel que están en el proceso de explorar Ethereum. Y como aún no ha llegado a su capacidad máxima de crecimiento, continuará haciéndolo exponencialmente.

Según analistas que han calculado su valor (empleando sistemas de análisis astronómicos y cálculos con un método complejo llamado *Gann Square*), el Ether podría percibir un crecimiento del 5000% en un año. Y le quedaría potencial para crecer todavía más.

Por ello, este es uno de los mejores momentos para sacarle provecho al precio actual del Ether.

Tomando como base la tabla de crecimiento de las transacciones con Ether, se observa que su precio seguirá en aumento. Así que la inversión en Ether y en la plataforma Ethereum, junto con el compromiso de sostener la inversión por varios años, podría ser un movimiento financiero sumamente gratificante.

Capítulo 1: Ethereum: El futuro de los métodos de pagos digitales

En 2013, un hombre llamado Vitalik Buterin se encontraba revisando una serie de elementos relacionados con la ciencia ficción. Una palabra llamó su atención porque sonaba más interesante que el resto, y porque contenía otra palabra que le gustaba (Ether).

Esta palabra era Ethereum, y este hombre se volvió fundador de la criptomoneda y la plataforma basada en la cadena de bloques que lleva el mismo nombre.

¿Qué es Ethereum?

Basada en la tecnología de cadena de bloques, Ethereum es una plataforma abierta que permite la posibilidad para construir (y luego desplegar) sobre una Dapp (o aplicación descentralizada) para los desarrolladores. Con un valor de tasa de hash (en su pico) de 3 TeraHash (o 3.010 GH por segundo), posee una gran infraestructura. Sus desarrolladores, liderados por Vitalik Buterin con la ayuda de Charles Hoskinson, Anthony Di Lorio y Mihai Alisie, lo diseñaron para GPUs (o unidades de procesamiento gráfico) de alta gama.

Y como funciona en redes de cadena de bloques, también tiene las ventajas de las redes descentralizadas, tales como:

- 0% de tiempo de inactividad, o la incapacidad de las aplicaciones para apagarse o congelarse.

- Seguridad, o la protección contra actividades fraudulentas.

- Inmutabilidad, o la incapacidad de un tercero para modificar los datos.

En un principio la distribución de la plataforma Ethereum se realizaba a través de una red pública de cadena de bloques y en forma de ICO (Oferta Inicial de Monedas), durante el cual se intercambiaron alrededor de 35.000 Bitcoins por unos 60.000.000. Esto permitió recaudar casi USD $14.000.000, que, en consecuencia, obtuvieron el 14% de la oferta.

Además, la distribución de Ethereum sigue realizándose a través de una red pública de cadena de bloques. Y esta red pública funciona junto con la distribución de los tokens de criptomonedas de la plataforma Ethereum llamados *Ether* (con el código ETH).

Cuentas de usuario

En la plataforma Ethereum, una cadena de bloques presenta bloques de varios tamaños. Además, hay varios tipos de cuentas de usuario que vienen con direcciones de 20 bytes.

Los dos tipos de cuentas son los siguientes:

- #1: Cuentas externas, que son cuentas con claves privadas.

- #2: Cuentas de contrato, que son cuentas con códigos de contrato.

La principal diferencia entre los dos tipos de cuentas está en la autoridad que las controla.

En el caso de las cuentas externas, el control se asigna a usuarios humanos, que en consecuencia pasan el control a las cuentas externas.

Por otro lado, las cuentas de contrato no están controladas por usuarios humanos, sino por códigos internos. Si bien pueden utilizar cuentas de contrato, los seres humanos necesitarían cuentas externas para activarlas.

Además, las cuentas de contratos pueden realizar una operación si así lo solicitan las cuentas externas. Por lo tanto, a menos que lo soliciten cuentas externas, estas cuentas de contrato no tienen autorización para realizar operaciones nativas (por ejemplo, llamadas a la API y generación de números aleatorios).

Contratos inteligentes

Una característica notable de la plataforma Ethereum es el uso de la funcionalidad de scripting llamada Contratos inteligentes. Esto permite a los usuarios crear tokens que son compatibles con las bolsas y billeteras bajo una API de monedas estándar. Más importante aún, esto significa que es capaz de facilitar el intercambio de objetos de valor, tales como dinero, acciones y propiedades.

Por lo tanto, con los contratos inteligentes puedes esperar un programa autoejecutable que trabaja con los pedidos de forma automática una vez que se cumplen las condiciones. Dado que sus operaciones se realizan a través de una red de cadena de bloques, se ejecutan de acuerdo con la programación original, sin posibilidad de tiempo de inactividad, censura ni interferencias de terceros.

He aquí un panorama general de las operaciones de un contrato inteligente:

- Primero se escribe un código (basado en un contacto de opción) en la red de cadena de bloques. A pesar de que el contacto sirve como el libro mayor público, este código está escrito con la protección del anonimato de las partes involucradas.

- A continuación, se ejecuta un contrato inteligente una vez que se pulsa un detonante (por ejemplo, precios de ejercicio y períodos de caducidad).

- Finalmente, desde que se firmó el contrato inteligente los reguladores comienzan a inspeccionar la actividad del mercado utilizando la tecnología de la cadena de bloques. Sin embargo, a lo largo de la inspección, los reguladores están obligados a garantizar la privacidad de las partes involucradas.

Capítulo 2: Algunas preocupaciones sobre la inversión en Ethereum

Además de la preocupación más común sobre si el tiempo idóneo para invertir ya pasó, invertir en la plataforma Ethereum puede parecer preocupante debido a la percepción general de que el Ether es "demasiado volátil". Aunque se prevé que su precio aumente, el Ether todavía puede moverse vigorosamente. Por lo tanto, si se percibe que una moneda es demasiado volátil, no es demasiado conveniente que la ignores por completo.

Por otro lado, aunque es parte de la ecuación, la naturaleza altamente volátil del Ether no suele ser una desventaja. Si no hay cambios en el precio, la rentabilidad sería entonces prácticamente inexistente.

Claro, está el riesgo de que los inversores experimenten una enorme pérdida de beneficios, pero el caso contrario también es una posibilidad. Y a pesar de las fluctuaciones de los precios, se seguirán obteniendo beneficios.

Sobre la relación del ETH con esquemas Ponzi

Tanto Ethereum como Ether han sido objeto de críticas debido a las conversaciones sobre los esquemas Ponzi, que son operaciones ilegales de inversión. Dado que Ethereum opera a través de un sistema descentralizado, no es raro que existan estafadores y otros inversores fraudulentos y existe el temor de que estos se aprovechen de los usuarios principiantes que aún no son especialistas.

Estos esquemas Ponzi son considerados ilegales porque su sistema no involucra negocios legítimos. Estos sistemas no son honestos sobre su intención de monetizar a partir de la gente nueva que reclutan.

En lugar de permitir que cada miembro se beneficie a partir de su propio esfuerzo, estos esquemas están diseñados para que los miembros con más antigüedad sean quienes perciban primero los beneficios.

Tomemos por ejemplo la situación que concluyó con el encarcelamiento de (al menos) 15 representantes y la confiscación de más de 2.000.000 de dólares en fondos de inversión de una empresa con sede en Mumbai llamada OneCoin. Después de lanzarse como una nueva versión de Bitcoin, los involucrados en OneCoin fueron arrestados por agentes de control financiero.

Por otro lado, tanto Ethereum como Ether están lejos de formar parte de los esquemas Ponzi. Mientras un individuo no se comprometa con diferentes grupos piramidales y siga siendo un usuario independiente de Ethereum, invertir en Ethereum no representa ningún peligro.

Los riesgos de invertir en Ethereum

Al igual que la inversión con cualquier otra criptomoneda, una de las principales desventajas de invertir en la plataforma Ethereum es el riesgo de la centralización. El propósito de las criptomonedas pierde su sentido. Dado que hay algunas entidades (por ejemplo, el Hacker de la Organización Autónoma Descentralizado) que poseen grandes cantidades de Ether, existe el riesgo de que estas dos entidades unan sus fuerzas y empiecen a hacer caso omiso del sistema descentralizado de Ethereum.

¿Deberían estas dos entidades unir sus fuerzas mientras la plataforma Ethereum aún está bajo la cadena de bloques del PdT? Esto significa que estos grandes accionistas pueden influir enormemente en las operaciones de Ethereum y pueden afectar a otros participantes de la red.

Con su autoridad y control extensivo, estos grandes accionistas pueden crear reglas y obligar a otros participantes de la red a adherirse a ellas.

Por otro lado, la plataforma Ethereum está cambiando a la cadena de bloques PoS (como se mencionó en el Capítulo 1). En la cadena de bloques del punto de venta, la amenaza a la seguridad se elimina, ya que la regla del punto de venta establece que el 51% (al menos) de las acciones debe ser adquirido por una entidad antes de que los cambios puedan ser declarados.

Aunque parece factible, ese escenario es prácticamente imposible. Adquirir el 51% de ETH significaría comprar el 51% de todos los ETH, lo que puede llegar a sumar casi 5.000.000.000.000 de dólares. E incluso si dicha entidad está dispuesta a destinar 5.000.000.000.000 de dólares, el escenario es virtualmente imposible en relación con la limitada cantidad de ETH en circulación.

Existen además otros riesgos asociados con Ethereum:

- A menos que sea 100% necesario, no se recomienda confiar en la plataforma Ethereum para aplicaciones críticas.

- Ethereum no proporciona una fuente estable cuando se trata de valor (según Vlad Zamfir, uno de los principales desarrolladores de Ethereum).

Más información sobre la cadena de bloques PoS relacionada con el minado de ETH

Mientras que la cadena de bloques PoS es relativamente más segura que la cadena de bloques PoW, Casper (o el protocolo PoS) es también una amenaza importante para las operaciones mineras de Ethereum.

Dado que sigue un orden de ejecución diferente al que los mineros están acostumbrados, su algoritmo de consenso único puede hacer que el control del hashing sea obsoleto. Por lo tanto, afectaría la rentabilidad.

Por lo tanto, una solución es construir una configuración de GPU que no dependa únicamente de una sola red. Por un lado, es considerable hacer el cambio de la cadena de bloques PoS a GNT (o Golem Network Token).

El ecosistema empresarial de Ethereum y la AEMA

Si tienes dudas sobre la capacidad que tiene Ethereum para conducirte hacia un estado financiero mucho mejor, entonces es buena idea que escuches los consejos y las experiencias de los expertos en divisas digitales.

Un destacado experto en divisas digitales ha reconocido el potencial de la plataforma Ethereum. Él ha dicho que, al igual que otras criptomonedas, Ether puede abrir oportunidades masivas para diferentes grupos financieros. Y a diferencia de otras criptomonedas, una ventaja sorprendente que tiene la plataforma Ethereum es su optimización pensada especialmente para desarrolladores e ingenieros de software. Este experto es un inversionista en cadena de bloques llamado William Mougayar.

Además, afirma que parte del éxito de Ether se debe a que desarrolladores e ingenieros de software fueron los primeros en adoptar Ethereum, y estos especialistas han estado muy dispuestos en participar para presenciar su progreso.

Por ejemplo, recordemos la caída del mercado en junio de 2017. De 319 USD, ETH cayó a 0.10 USD, lo que resultó en que muchos traders de ETH perdieran una gran suma de dinero. Pero en cuestión de segundos, el accidente se rectificó y el precio de Ether repuntó.

Y como se mencionó anteriormente, muchas compañías que pertenecen al grupo Fortune 500 son parte del camino hacia el éxito de la plataforma Ethereum. Y además de estas, muchos grupos de investigación y startups de cadenas de bloques también creen en Ethereum. En consecuencia, estas comunidades se unieron para formar la EEA (o Enterprise Ethereum Alliance).

En mayo de 2017, la EEA contaba con 116 miembros. Aparte de JP Morgan, Microsoft, Samsung e Intel, los otros miembros de la alianza empresarial son:

- Grupo de Investigación de la Universidad de Cornell

- Merck KGaA

- Instituto de Investigación Toyota

- Banco Santander

- Accenture

Además, el objetivo de la EEA es coordinar el aspecto ingenieril del código abierto y sus normas de referencia, así como las versiones privadas autorizadas de Ethereum. La condición es que los miembros trabajen con los desarrolladores de Ethereum para abordar los intereses comunes en campos particulares como:

- Consultoría

- Gestión

- Banca
- Salud
- Farmacéutico
- Tecnología
- Automotriz
- Móvil
- Entretenimiento

El impacto más grande de Ethereum

El mayor impacto de Ethereum puede residir en el hecho de que, aunque se ocupa de la economía colaborativa de rápido crecimiento, se sigue acomodando al sistema económico tradicional.

Por lo tanto, si bien atiende a los usuarios que prefieren enfoques más modernos para fomentar sus emprendimientos empresariales (por ejemplo, utilizando computadoras y dispositivos móviles), no ignora las características de las economías tradicionales (por ejemplo, que la producción está basada en las necesidades, que se centra en tribus y familias, y que depende del intercambio o trueque).

Más importante aún, la incorporación de los enfoques modernos y de las economías tradicionales hace que Ethereum sea ideal tanto para las generaciones más jóvenes como para las más adultas. Es decir, que cualquier individuo podría sacar provecho de la plataforma Ethereum para sus objetivos empresariales.

CAPÍTULO 3: LA ARQUITECTURA DE ETHEREUM

El DAO (u Organismo Autónomo Descentralizado, por sus siglas en inglés) es una muestra de la impresionante arquitectura que le da forma a Ethereum.

Fue en 2016 cuando el DAO, un proyecto sin líderes en la plataforma Ethereum, pudo recaudar alrededor de 50.000.000 USD en Ethers. Su funcionamiento sin problemas puede rastrearse hasta el creador del marco de DAO, Christoph Jentzsch, pues el diseño consiste en que DAO puede operar como una carga de contratos inteligentes.

Por lo tanto, el cobro de contratos inteligentes equivale a estatutos que otorgan derechos de voto a cualquier entidad con las fichas de DAO. Más importante aún, cualquier entidad con los tokens DAO puede asignar recursos, lo que a su vez genera un rango de retornos.

Si bien se explotó en junio del mismo año, se bifurcó tres veces en el último trimestre de 2016. En consecuencia, la plataforma Ethereum presenta una cadena de bloques debatida, un aumento de la protección DDoS (o denegación de servicio distribuido) y una medida preventiva contra los ataques de spam.

Y después de darse cuenta del éxito del DAO, ¡por supuesto que los miembros de la comunidad Ethereum se mostraron optimistas!

Ether

En la plataforma Ethereum, el Ether se utiliza para todo tipo de servicios (por ejemplo, cálculos y pago de tasas de transacción). Desde 2016, se atribuyó a la segunda mayor capitalización del mercado entre todas las demás criptomonedas. Y desde 2016 hasta el primer trimestre de 2017, su valor aumentó a casi 7.000.000.000.000 USD.

Aquí hay algunos datos sobre el Ether:

- El Ether es conocido por sus fluctuaciones en el volumen de operaciones. En marzo de 2017, la actividad comercial de 24 horas en la plataforma Ethereum ascendió a unos 600.000.000 USD. Y este número (también basado en una actividad comercial de 24 horas) ni siquiera cruza la línea de 100.000 USD. En general, se observa una tendencia al alza gradual con el Ether.

- Se ofrece la posibilidad de operar con Ether de venta libre.

- Debido al diseño flexible de la plataforma Ethereum, se concede a los desarrolladores permiso para emitir activos más allá de la participación en la red de la cadena de bloques.

El rendimiento de las cadenas de bloques

Y en lo que se respecta al rendimiento, el de la plataforma Ethereum es de alta calidad. Las transacciones se manejan mucho más rápido en comparación con otras plataformas, y como es menos probable que se retrasen, incluso las transacciones múltiples tienden a proceder sin errores. Además, casi no hay inversores que hayan presentado quejas por el rendimiento de la plataforma.

Aunado a lo anterior, la impresionante naturaleza de la plataforma Ethereum se debe a su permiso para hacer concesiones. Esto significa que no solo se permite un único tipo de cadena de bloques. Por lo tanto, si optaran por cadenas de bloques privadas y autorizadas o cadenas de bloques públicas, los usuarios de Ether no tienen que preocuparse por problemas de incompatibilidad.

He aquí algunos factores que debes tener en cuenta:

- Las cadenas de bloques privadas no obligan al uso de tokens internos cuyo valor es fijado por los mercados abiertos. Por lo tanto, las obligaciones de información y las reglamentarias son reducibles.

- Las cadenas de bloques privadas son relativamente baratas en términos de mantenimiento.

- Las cadenas de bloques privadas requieren la identificación de los participantes a través de un guardián designado o de un consenso de grupo.

- Las cadenas de bloques privadas se centran en la búsqueda de acciones legales y dependen menos de incentivos internos. Se centra en los participantes identificados tanto a nivel de aplicación como de red.

- Las cadenas de bloques públicas son relativamente efectivas cuando se trata de resistir a la censura.

- Las cadenas de bloques públicas pueden proporcionar evidencias relativamente fuertes de eventos.

- Las cadenas de bloques públicas pueden proporcionar mayor seguridad para aplicaciones relativamente pequeñas.

Lenguaje de programación

Sin importar el tipo de cadena de bloques preferido, muchos usuarios de Ether también están impresionados con la función de contratos inteligentes de la plataforma Ethereum.

Esto se debe a la naturaleza de programación integral y de alto nivel de los contratos inteligentes.

Los contratos inteligentes utilizan abstracciones y necesitan instrucciones idealizadas (y normalmente bien definidas) del programador. Y más allá de establecer un nivel complejo de programación, su diseño gira en torno a la supresión de información compleja más allá del nivel actual.

Además, la habilidad de los contratos inteligentes para funcionar de manera excepcional revela los múltiples lenguajes de programación que puede acomodar.

Algunos de los lenguajes de programación que pueden emplearse son:

- Mutan, un lenguaje de programación obsoleto basado en Go

- LLL, significa lenguaje de programación Lisp de bajo nivel (Low-Level Lisp)

- Serpent, un lenguaje de programación derivado de Python

- Solidity, compuesto por una biblioteca de lenguajes (como JavaScript y C)

El papel de la EVM

Con los contratos inteligentes viene la EVM (o máquina virtual Ethereum). En el Ethereum Yellow Paper, la EVM se define formalmente, y allí se le conoce como el entorno de tiempo de ejecución para contratos inteligentes.

En pocas palabras, la EVM sirve como el corazón de la plataforma Ethereum.

Como se señaló anteriormente, Ethereum puede ejecutar programas que fueron creados usando múltiples lenguajes de programación y sin importar su complejidad. Y esto se debe al diseño flexible de la EVM.

El minado de Ethereum: El algoritmo daga-Hashimoto

Detrás de la impresionante actuación de la plataforma Ethereum, también está el algoritmo conocido como daga-Hashimoto, que es el algoritmo propuesto para Ethereum y que fue diseñado para cumplir tres objetivos. Estos son:

- Verificación de clientes ligeros, o la necesidad de que un bloque sea verificado como eficiente por clientes ligeros.

- Almacenamiento en cadena completa, o la necesidad de espacio de almacenamiento para la minería durante el estado de cadena de bloques completa, e incluso con la posibilidad de depuración mediante contratos particulares.

- Resistencia ASIC (Circuito integrado de aplicación específica, por sus siglas en inglés), o el mandato que otorga una rentabilidad marginal a los mineros de ETH que utilizan computadores regulares con energía de reserva (CPU).

Además, el algoritmo daga-Hashimoto puede ejecutar bien las órdenes porque se construyó utilizando dos piezas de trabajo anteriores.

La primera pieza es un algoritmo creado por el mismo Vitalik Buterin, Dagger (daga). Este algoritmo incorpora gráficos acrílicos para lograr una validación fácil de la memoria y una computación difícil de memorizar.

Sin embargo, aunque se eligió como sustituto exclusivo de los algoritmos difíciles de memorizar (por ejemplo, Scrypt y Balloon Hashing), se demostró que presentaba vulnerabilidades a la aceleración de hardware (memoria compartida).

Así, el algoritmo daga puede ser más eficiente con otro gran algoritmo que trabaja con sus vulnerabilidades. Este algoritmo es Hashimoto, creado por Thaddeus Dryja.

Además de trabajar en vulnerabilidades a la aceleración de hardware, utiliza lecturas de memoria y permite que estas sirvan como factores limitantes durante el proceso de minería.

Y como es una plataforma progresista, la plataforma Ethereum reconoce la necesidad de revisar el algoritmo daga-Hashimoto.

Las mejores GPUs para el minado de ETH

A esto hay que añadir el importante papel que desempeñan las GPUs.

Dado que no todos se crean de la misma manera, las GPU deben elegirse en función de las necesidades para maximizar la rentabilidad de la explotación minera en la plataforma Ethereum. Y si bien es cierto que existen GPUs de mayor potencia, las de mayor potencia no son necesariamente más eficientes que las de menor potencia.

Por lo tanto, a la hora de elegir las GPUs, es mejor tener en cuenta factores como los siguientes:

- La tasa de entrega de hash de Ethereum debe ser alta, y su consumo de energía debe ser bajo.

- Debe incluir la sintonización del objetivo de potencia.

- Debe tener un reloj de memoria.

CAPÍTULO 4: ETHEREUM VS BLOCKCHAIN

Mientras que tanto Ethereum como Bitcoin están basados en los conceptos de los libros mayores públicos y están protegidos por la criptografía, en muchos aspectos son diferentes, especialmente en lo que concierne a la tecnología que utilizan. Por ejemplo, Ethereum está codificado con el lenguaje de programación Turing completo, mientras que el código de Bitcoin se ejecuta en un lenguaje basado en pilas. Otras diferencias notables incluyen el tiempo de bloqueo (las transacciones de Bitcoin se confirman en minutos en comparación con los segundos de Ethereum), así como sus construcciones fundamentales (Bitcoin utiliza el algoritmo hash SHA-256, mientras que Ethereum utiliza ethash).

Pero en general, Ethereum y Bitcoin varían mucho en su propósito. Mientras que Ethereum se desarrolla como una plataforma que facilita los contratos P2P y su aplicación a través de su propio medio monetario, Bitcoin se desarrolla como una alternativa a la moneda fiduciaria y, por tanto, como un medio de pago y un medio para almacenar y acumular valor. Aunque tanto Ether como Bitcoin son criptomonedas, el propósito principal de Ether no es proporcionar una forma alternativa de pago sino facilitar la monetización de los trabajos realizados en Ethereum, para que los desarrolladores puedan construir y operar aplicaciones distribuidas.

Si bien es muy parecida a Bitcoin y otras redes de cadenas de bloques, Ethereum cuenta con una gran diferencia en cuanto a su propósito principal y su capacidad.

Otras redes de cadenas de bloques se utilizan para controlar la propiedad de las divisas, mientras que Ethereum se centra principalmente en la ejecución del código de programación de Dapp o en el aspecto técnico del desarrollo de cadenas de bloques.

Además de las anteriores, estas son otras diferencias entre Ethereum y otras redes de cadena de bloques:

- Mientras que otras redes de cadenas de bloques soportan criptomonedas que son equivalentes virtuales de monedas de oro, Ethereum funciona de manera similar a una computadora mundial.

- Ethereum es una plataforma que soporta múltiples aplicaciones, tanto seguras como descentralizadas.

- Ethereum trabaja con la cadena de bloques PoW. Sin embargo, el cambio a una cadena de bloques PoS está en proceso.

- El lenguaje de programación de Ethereum va más allá de C++; está construido en scripts completos de Turin, que consiste en Python, Haskell, Java, JavaScript, Go, Rust y C++.

- Ethereum realiza transacciones con relativa rapidez. Mientras que otras redes de bloqueo tienen un tiempo de bloqueo de minutos (por ejemplo, el tiempo de bloqueo de Bitcoin es de 10 minutos), el tiempo de bloqueo de Ethereum es de tan solo (aproximadamente) 12 segundos.

- Es menos probable que los usuarios de Ethereum estén motivados por diversas ideologías (por ejemplo, del libre mercado y la individualidad), y tienen una aversión hacia los sistemas centralizados (por ejemplo, el gobierno y las principales instituciones financieras).

- El diseño de otras redes de cadenas de bloques no permite la escalabilidad. Mientras tanto, el diseño de Ethereum permite una escalabilidad infinita ya que utiliza límites de gas de bloque (por ejemplo, necesidades de complejidad, necesidades de almacenamiento y uso de ancho de banda) para el costo de cada transacción.

Aunque es crucial conocer la diferencia entre Ethereum y Bitcoin en términos técnicos, es más importante para ti, como inversor, saber cuál sería tu mejor inversión.

Recuerda que cualquier forma de inversión viene con un riesgo inherente, y cuando se trata de inversión en monedas digitales como Ethereum y Bitcoin, las recompensas y los riesgos son los que marcan la diferencia entre el éxito y el fracaso.

Bitcoin ha experimentado un aumento de valor en los últimos cinco años. Aunque el precio fluctúa, el movimiento a largo plazo es en su mayor parte alcista. Al momento de escribir este material, su precio ha llegado a un máximo de $3000, antes de caer en picada a casi $2000 para luego volver a subir.

Del mismo modo, Ether también experimentó un aumento significativo este año, pasando de 20 a más de 400 dólares antes de caer en picada a 10 dólares y luego volver a subir tan solo en un lapso de varias horas en el segundo trimestre.

Si bien es emocionante ser testigo de la fluctuación de estas monedas digitales, el hecho es que tal volatilidad pone la relación recompensa/riesgo de las monedas digitales a la par con jugar en un casino o apostar en una carrera de caballos.

Bitcoin se encuentra en una mejor posición en este momento, ya que hay minoristas y empresas que ya están aceptando pagos a través de BTC.

Esto da a Bitcoin la credibilidad como método de pago de bienes y servicios con gran potencial para el futuro. Naturalmente, toma algún tiempo para que cualquier nueva tecnología se haga lo suficientemente famosa como para ser aceptada por la sociedad en general. Los correos electrónicos y las máquinas de fax fueron inútiles hasta que el número suficiente de personas comenzó a emplearlos. Es decir, que Bitcoin se está volviendo útil porque el número de personas que lo están usando está aumentando.

También es relativamente fácil adquirir Bitcoin. Cada vez son más las personas que conocen o han experimentado el uso de billeteras digitales, lo que hace que el mercado sea alcista. Además de sobrevivir a las controversias, su apreciación de valor también se está volviendo más estable.

Pero por otro lado, Bitcoin sigue siendo misterioso. Nadie tiene el control de la plataforma, y nadie ha visto a su creador, Satoshi Nakamoto. Además, los que están formando la cábala que administra la cadena de bloques Bitcoin es un grupo heterogéneo y no siempre están de acuerdo. Por lo tanto, para los inversores a largo plazo, Bitcoin podría seguir siendo demasiado precoz y demasiado virtual.

La apreciación general sobre el mercado con Bitcoin es que sin ninguna intervención y sin ninguna noticia sobre un ataque perjudicial, su valor seguirá subiendo hasta alcanzar niveles que podrían incluso superar el precio actual de 3.000 dólares. Y los expertos creen que esto podría suceder mucho antes de lo esperado.

El hito importante que debes tener en cuenta es el momento en que se extrae la BTC número 21 millones, que se convertirá en una esquina. La plataforma se convertirá en finita y las tarifas de servicio podrían definirse para entonces.

Los expertos financieros creen que Ether es un producto mejor que Bitcoin. Aunque es muy volátil debido a su edad, tiene dos características prometedoras.

En primer lugar, su creador, Vitalik Buterin, es una persona activa en el desarrollo de Ethereum.

Similar a Steve Jobs o Elon Musk, sirve como la imagen de Ethereum y tiene autoridad para hablar sobre su desarrollo y sus vulnerabilidades. Factores como estos, que son muy tangibles, suelen tranquilizar al mercado.

En segundo lugar, el Ether, como moneda digital, es tan solo una parte de una plataforma mayor que aún está en desarrollo, Ethereum. Como plataforma de contrato inteligente que funciona con la tecnología de la cadena de bloques, Ethereum también tiene una mejor oportunidad para integrarse en la futura economía global. Las principales economías, como la del Reino Unido y China, están trabajando para adoptar las tecnologías de las cadenas de bloques, y se espera que toda industria que dependa de las transacciones (es decir, prácticamente todas las industrias) termine utilizando una cadena de bloques en sus prácticas comerciales.

Tanto Bitcoin como Ether son inversiones prometedoras en su posición actual.

Pero puede que nunca sepamos lo que el futuro les depara.

Lo que complica la elección entre Ethereum y Bitcoin es en gran medida sus fases tempranas relativas, pues implican cierta inmadurez de la plataforma y de las políticas administrativas. Incluso los mejores programadores del mundo de la actualidad pueden no ser capaces de predecir los elementos aleatorios, así como la vulnerabilidad de los ataques cibernéticos.

Además, hay que tener en cuenta que estas tecnologías de cadenas de bloques funcionan tanto con electricidad como con potencia de computación. Bitcoin y Ether son muy caros de minar, y aunque en general traen esperanza para el futuro de las transacciones financieras, hay todavía muchas vulnerabilidades.

Los países con acceso a electricidad a buen precio, mano de obra barata y amplio acceso a redes informáticas pueden tomar la delantera en el minado de divisas digitales, y esto también debería ser considerado por los inversores a largo plazo.

En la actualidad, tanto Ether como Bitcoin son grandes inversiones donde podrías colocar tu dinero, siempre y cuando puedas tolerar un alto riesgo de volatilidad.

CAPÍTULO 5: PASO 1: DESCUBRE SI ETHEREUM ES LA INVERSIÓN ADECUADA PARA TI

Antes de explorar los factores que te guiarán hacia tus metas de inversión con Ethereum, es importante primero entender la diferencia entre invertir y hacer trading. Incluso si tienes un conocimiento previo de este concepto básico, te animo a que leas este capítulo para que te actualices y obtengas un panorama general de las criptomonedas.

En general, el trading y la inversión son dos estrategias diferentes para obtener beneficios en los mercados financieros. El objetivo principal de la inversión es aumentar la riqueza a largo plazo mediante la compra y tenencia de una cartera de bonos, acciones, fondos y otros instrumentos financieros disponibles.

Como inversionista, normalmente puedes aumentar tus ganancias a través de la capitalización o cuando reinviertes tus ganancias en más acciones o unidades. Tus inversiones a menudo se mantienen durante un período de tiempo particular que puede variar de meses a años, o incluso décadas. También puedes aprovechar los beneficios que se derivan de las inversiones, como los intereses y los dividendos.

Al igual que otros mercados tradicionales, el precio de Ethereum también fluctúa. Pero como inversionista, puedes correr el riesgo con la expectativa de que el precio vuelva a subir y que se restablezca cualquier pérdida. En la inversión, hay que consultar los fundamentos del mercado para buscar inversiones, como la relación precio/beneficio o las previsiones de la dirección.

Por otro lado, el trading implica una mayor frecuencia de compra y venta de instrumentos financieros tales como pares de divisas (forex), acciones o materias primas.

El objetivo principal del trading es generar los beneficios que podrían superar a las inversiones.

Cuando eres un trader activo, puedes optar por obtener al menos un 10% de ganancia mensual en comparación con el 10% de ganancia de un inversionista después de un largo plazo. Las ganancias del trading se obtienen generalmente comprando instrumentos cuando el precio es bajo y luego vendiéndolos a un precio más alto en un período de tiempo más corto, como semanas, días o incluso minutos. Por otro lado, los traders también pueden obtener beneficios vendiendo unidades cuando el precio es alto y luego comprando más para cubrir cuando el precio cae en picada. Esto se conoce como venta corta en el mercado, lo que significa que todavía se pueden obtener beneficios incluso si el mercado se está hundiendo.

Los inversores a menudo son entrenados para ser pacientes y transmitir posiciones menos rentables.

Los traders, por otro lado, están capacitados para tomar ganancias o pérdidas en un período de tiempo más corto. Las órdenes Stop-Loss son utilizadas por los traders para gestionar automáticamente las posiciones perdedoras a un precio fijo. Los traders también son expertos en el uso de herramientas para el análisis técnico, como los promedios móviles y los osciladores estocásticos, para buscar las configuraciones de trading con altas ganancias de rendimiento.

En el intercambio con Ethereum, puedes obtener ganancias a través del trading o la inversión de monedas digitales. Si deseas invertir, es más probable que busques rendimientos más altos durante un período más largo comprando y luego manteniendo el Ether. Pero si lo que quieres es hacer trading, es probable que te convenga aprovechar los mercados al alza y a la baja para obtener beneficios regulares.

Esperamos que ahora hayas aprendido la diferencia básica entre invertir y hacer trading, y que estés listo para explorar los diversos factores que podrían ayudarte a decidir si Ethereum es la mejor inversión para ti.

¿Por qué invertir en Ethereum?

Invertir en Ethereum puede ser una actividad lucrativa, independientemente de tu experiencia en los mercados financieros. Este instrumento es bastante joven, muy volátil, y tiene una gran difusión en la actualidad. El arbitraje y el comercio de margen también son ahora muy populares, por lo que la mayoría de la gente todavía puede ganar dinero invirtiendo en criptomonedas.

La alta volatilidad y algunos casos de fusiones en la plataforma DAO probablemente han hecho más para atraer a más inversores y traders que cualquier otra divisa digital, incluyendo Bitcoin.

Cada caída proyectada de las monedas digitales, incluyendo el Ether, solo crea publicidad para el mercado que lo hace más popular. La publicidad hace que el precio del Ether aumente porque más traders e inversores se están volviendo conscientes e interesados en él.

Para una persona promedio, el Ether pudiera ser percibido como una fiebre del oro digital, una loca aventura futurista en la que cualquiera puede participar sin importar el lugar ni el momento. Pero la realidad es la que sigue: muchos inversores en criptomonedas se rinden después invertir por pocos meses o después de experimentar un colapso del mercado. Ignoran que esta es la naturaleza de las monedas digitales: la alta volatilidad y la fluctuación de precios es inherente a ellas y pueden ocurrir en cuestión de minutos.

Pero esto no significa que debas dejar pasar la oportunidad de convertirte en un participante temprano de lo que se considera el futuro del dinero.

Lo que debes tener en cuenta es que primero debes educarte sobre la naturaleza del Ether: sus similitudes con las materias primas financieras convencionales, y su singularidad como moneda digital.

Cuando se introdujo Ethereum, era una cosa fenomenal porque se veía como una mejor versión de Bitcoin, que por sí misma ya era una criptomoneda popular.

Pero después de unos pocos años, el Ether se ha convertido en tan solo una de las cientos de monedas digitales que se ejecutan en la cadena de bloques y el cifrado, a pesar de ser una de las más populares.

Al igual que Bitcoin, Ether tiene la ventaja de una plataforma descentralizada, por lo que no necesitas que un tercero actúe como intermediario o como entidad central para administrar la transferencia.

Por lo tanto, es posible hacer una transacción con cualquier persona, independientemente de su zona horaria o ubicación, lo que elimina la necesidad de organizaciones tradicionales como las compañías de transferencia bancaria o bancos. Además, Ethereum ayuda a las empresas y organizaciones a cumplir con sus obligaciones y ser remunerados por su trabajo a través de la red Ethereum sin las complejidades de los modelos de negocio existentes.

Todas las transacciones de Ether que alguna vez han ocurrido se registran en un libro mayor público que también se basa en la tecnología de la cadena de bloques. Este libro permite a cualquier miembro de la red Ethereum tener acceso a los registros. Por lo tanto, es extremadamente difícil defraudar al sistema.

Pero a pesar de sus beneficios, todavía existen incertidumbres sobre si Ethereum será ampliamente adoptada en el futuro y reemplazará por completo las transacciones comunes que utilizamos hoy en día.

Sin embargo, está claro que ahora estamos en los albores de una revolución de la que podemos obtener grandes beneficios. Después de todo, el concepto de dinero y el sistema bancario solía ser una innovación hace miles de años y terminó por cambiar el mundo.

¿Qué tiene de especial Ethereum?

Ethereum es una plataforma única por su idea innovadora de estar libre de cualquier entidad, así como por la tecnología utilizada para su funcionamiento. Tiene un comienzo prometedor, pero antes de empezar a invertir en Ethereum, debes entender primero algunas cosas acerca de su naturaleza.

El Ether se puede utilizar en todo el mundo

Ten en cuenta que el Ether no es una moneda fiduciaria, por lo que su precio no se ve afectado directamente por la economía en la que vives ni por las políticas de un estado o un gobierno en particular. Al igual que Bitcoin, Ether tuvo algunos altibajos antes de que atrajera a los inversores, y muchos de ellos están vinculados a eventos mundiales. Por ejemplo, el repentino aumento de los precios del Ether en 2013 estuvo relacionado con la crisis bancaria de Chipre. El gobierno ha implementado políticas bancarias estrictas, por lo que el acceso al efectivo era limitado. Por lo tanto, hubo un mayor interés en encontrar alternativas para almacenar valor y pagar bienes y servicios distintos de las monedas tradicionales.

Ether, junto con Bitcoin y LiteCoin, fue una de las mejores alternativas durante la crisis, ya que miles de personas decidieron a partir de eso reinvertir su riqueza y dejar de perder valor con respecto a su moneda fiduciaria.

Sin embargo, no existe una sola persona o autoridad que pueda controlar el Ether.

El Ether tiene alta volatilidad

El Ether se hizo famoso por sus rápidas y frecuentes fluctuaciones de precios que pueden ocurrir varias veces al día. Este es un rasgo tentador para los traders a quienes les gusta obtener beneficios rápidos, pero una desventaja para los inversores que están interesados en obtener beneficios compuestos.

Puedes hacer trading con el Ether en cualquier momento

Ten en cuenta que no existe una plataforma oficial para el trading o intercambio con Ether. Por lo tanto, no hay un precio fijo para esta moneda digital.

A diferencia del mercado de valores y el mercado de divisas, que tienen ciertas horas de funcionamiento, puedes hacer trading con el Ether en cualquier momento, incluso si es en un día festivo o un domingo por la noche.

Muchas de las operaciones se encuentran dentro del mismo rango de precios, pero también existe la posibilidad de obtener beneficios cuando se trata de arbitrar. Y basado en datos históricos, Ether puede sorprenderte con las fluctuaciones de precios.

Invertir vs. Hacer trading con Ether

Hay una diferencia considerable entre invertir y hacer trading con Ether, similar a los mercados financieros convencionales: invertir dinero en acciones es muy diferente si se opera con divisas. Pero cuando inviertas en Ether, podrás aprender más sobre la compra de divisas digitales.

Es bastante fácil comprar Ether, pues depende en gran medida de la casa de cambio y la billetera que prefieras. Pero no es como comprar una divisa extranjera cuando estás de viaje, sino que es mucho más fácil de hacer. Solo necesitas encontrar la casa de cambio correcta, la billetera y luego el Ether. Por lo tanto, la compra de Ether es común entre las personas que solo quieren probar la moneda digital y luego invertir una parte, o para aquellos que sienten curiosidad por ella como una nueva mercancía virtual.

Mientras tanto, la inversión es una estrategia a largo plazo que requiere mantener tu cartera diversificada con diferentes monedas digitales, fondos de cobertura convencionales y perspectivas de negocio. Básicamente, aquellos que están invirtiendo en Ethereum no están investigando la volatilidad del mercado y normalmente no están interesados en renunciar a su inversión durante las fluctuaciones de precios.

Por otro lado, el trading con Ether es a menudo parte de una estrategia a corto plazo. Puedes probar esta nueva moneda digital, hacer el trading durante unas semanas o meses, y luego vender tu Ether cuando creas que es el momento adecuado para hacerlo.

Por lo tanto, aquellos que comercian con Ether deben ser sensibles a las fluctuaciones de precios y pueden necesitar responder inmediatamente para ser rentables.

¿Cuáles son los riesgos de hacer trading con Ether?

Aunque existen riesgos inherentes tanto en la inversión como en el trading con Ether, este último conlleva más riesgos debido a la naturaleza dinámica de esta moneda digital. Si te gusta ser un inversionista, tienes que aprender a sobrevivir a las fluctuaciones extremas de los precios.

Por lo tanto, debes tener recursos de respaldo que te ayuden a permanecer en el juego sin importar las crisis.

Mientras tanto, los traders de Ethereum son a menudo más parecidos a los jugadores de apuestsa, porque tienen que reaccionar inmediatamente a las condiciones del mercado con la suficiente rapidez para obtener beneficios o impedir la pérdida de dinero. También deben ser lo suficientemente hábiles para determinar si es el momento adecuado para jugar. La mayoría de los riesgos en el trading de divisas digitales, incluso en los mercados convencionales, están normalmente relacionados con los errores de los traders no capacitados, tales como poner todas sus inversiones o dinero en un solo mercado.

Por supuesto, si realmente quieres invertir en Ethereum o hacer trading con Ether, necesitas suficiente dinero a tu disposición para obtener ganancias sustanciales en el mercado. Como cualquier otra inversión, debes ser cauteloso y solo invertir en una billetera segura y confiable.

Ten en cuenta que nadie está administrando el trading, por lo que siempre existe la posibilidad de que la plataforma se cierre. Sí, Ethereum es una plataforma moderna para hacer dinero, pero todavía aplica para ella la sabiduría clásica de la inversión: no pongas todos tus huevos en una sola canasta.

Capital riesgo en la inversión en Ethereum

Si Ethereum ha llamado tu atención como una inversión viable, es probable que ya tengas alguna experiencia en el trading o inversión con los mercados financieros convencionales, tales como acciones o forex. Si es el caso, entonces ya eres consciente de que solo debes utilizar un porcentaje seguro de tu capital en una operación. Durante la fase inicial de tus inversiones, primero necesitas experimentar y entender los mercados de divisas digitales.

Pero desafortunadamente, muchos principiantes a menudo están desorientados con la perspectiva de cuánto pueden ganar con el trading de Ether. Es cierto que en comparación con las acciones y el forex, el Ether es un producto más vibrante y realmente se puede ganar mucho dinero durante las fluctuaciones extremas. Sin embargo, esto también conlleva un mayor riesgo. El movimiento del precio de la moneda fiduciaria puede medirse en pequeños porcentajes de un dólar. Pero en el caso de Ethereum, las tasas pueden subir y bajar en condiciones extremas varias veces al día.

¿Qué es mejor, hacer trading o invertir en Ether?

No hay una respuesta única para esta pregunta, ya que la opción ideal para tu caso dependerá de tu nivel de educación en este nuevo producto, así como de los recursos disponibles a tu disposición. Puedes optar por invertir en Ether a partir de una cantidad mínima, que puede seguir creciendo con el paso del tiempo y a medida que vayas adquiriendo más conocimientos y experiencia.

El trading con Ether es también una estrategia a largo plazo que puede resultar en que ganes una cantidad sustancial en el futuro.

Mientras tanto, el trading se recomienda para aquellos que son más sensibles a la profundidad y la naturaleza de las monedas virtuales y aquellos que tienen el coraje y el exceso de dinero para hacer trading.

La fluctuación regular del Ether puede ser una experiencia valiosa para cualquier trader, pero también puede resultar en pérdidas sustanciales.

Capítulo 6: Paso 2: Familiarízate con estrategias de inversión en Ethereum ya probadas

Invertir en Ethereum tiene sus propios riesgos y recompensas. Cada vez más personas se sienten interesadas en invertir en Ethereum porque ha mostrado un aumento en el precio medio durante los años anteriores y muestra un gran potencial para el futuro. La mayoría de estos inversores son capitalistas de riesgo que están interesados en obtener beneficios de los productos básicos de la tecnología financiera, como el Ether.

¿Es Ethereum una inversión lucrativa?

Los expertos de Fintech creen que las criptomonedas como Bitcoin y Ether están en camino a su punto máximo, y aquellos que sigan la tendencia desde el principio podrán obtener recompensas sustanciales. Esto a pesar de que todavía no tiene la misma comodidad y valor que la moneda fiduciaria. Pero con el rápido desarrollo de las tecnologías de cadenas de bloques y los contratos inteligentes, es seguro decir que esta moneda virtual se volverá más común en el futuro.

Establece tu propio plan de inversión

La mejor manera de asegurarte de obtener beneficios de tu inversión en Ethereum es teniendo un plan. Acumular riqueza a través de tu cartera de divisas digitales te proporcionará resultados variados cuando inviertas en acciones o divisas.

Debido a que el precio del Ether puede fluctuar significativamente dependiendo de la demanda del mercado, es importante que establezcas una meta clara con valores prácticos y realistas para que puedas decidir si invertir o hacer trading con Ethereum es la mejor opción para ti. Por lo tanto, establecer un plan te ayudará a asegurarte de que tu inversión en Ethereum sea rentable y valga la pena.

Prepárate para las fluctuaciones de precios

Es común que el precio del Ether fluctúe varias veces al día. Como inversionista, tienes que entender los factores que por lo general están detrás de la fluctuación. Ten en cuenta que Ethereum es una plataforma independiente por sí misma, y que el Ether se utiliza como moneda alternativa dentro de la plataforma. Esto hace que la política de regulación tradicional no sea aplicable, y las diferentes naciones tienen la prerrogativa de apoyar o no apoyar a Ethereum.

El Ether también es vulnerable a las malas noticias y rumores, porque el precio está estrechamente relacionado con la demanda, y cualquier forma de mala publicidad podría tener un efecto sobre el valor total del Ether en el mercado.

Puedes minar tu propio Ether

Es posible que generes tu propio Ether si decides participar en el minado. Lo primero que debes considerar es el costo de la electricidad y el equipo inicial que necesitas comprar. Dado que también existe una gama de equipos que puedes utilizar para el minado de Ether, es posible obtener ingresos sustanciales con esta opción. Además, ahora hay grupos que están comenzando a combinar sus esfuerzos para el minado de monedas digitales como Bitcoin y Ether, y aunque muchos de ellos no son empresas formales, se están convirtiendo en grandes actores en los esfuerzos mineros.

Si estás interesado en el minado del Ether, la estrategia ideal es establecer tu base en un área donde los gastos de mantenimiento sean mínimos, como en países con energía sostenible y renovable.

Estrategias para la inversión en Ethereum

Si aún no estás preparado para invertir en Ether, puedes empezar a participar en el mercado como un intercambiador P2P. Podrías unirte a un mercado de intercambio P2P como Bitsquare o LocalBitcoins y empezar a ofrecer un servicio en tu área para el comercio de Ether. Añadir un spread asegurará tu rentabilidad.

Por ejemplo, podrías ofrecer comprar un 2% por debajo del precio de mercado o vender un 2% por encima del precio del Ether. La gente estará encantada de pagar tu spread si puedes ofrecer maneras convenientes para que ellos traten contigo.

Puedes incluir ofertas personalizadas o puedes asegurarte de estar siempre disponible para ofrecer tu servicio.

Sin embargo, puede que primero tengas que hacer algunos negocios respondiendo a anuncios en línea para las personas que buscan el Ether P2P antes de que puedas pedir el spread. Esto te permitirá generar la suficiente reputación y credibilidad en tu área para ganarte la confianza de los clientes.

Lo bueno de ser un trader de Ether es que no es necesario hacer un análisis financiero completo para convertirte en uno. Por esa razón, esta es muy buena estrategia para empezar tu camino a la inversión en Ethereum. Convertirte en un inversionista de moneda digital requerirá que tengas más habilidades y conocimientos. Mientras tanto, los traders a menudo utilizan casas de cambio en línea y por lo general tratan de comprar o vender dependiendo de si están esperando que el precio suba o baje.

Si deseas convertirte en trader, puedes optar por ofrecer un servicio, rellenando las carteras de pedidos con ofertas que puedan ser aceptadas por personas a las que les guste hacer trading con divisas digitales. Pero ten en cuenta que el propósito principal no es simplemente ofrecer un servicio, sino tomar ofertas como forma de apostar si el precio del Ether subirá o bajará.

Puedes obtener beneficios como intercambiador independientemente de si el precio está subiendo o bajando, siempre y cuando el mercado no esté fluctuando demasiado rápido. Además, si el mercado está subiendo, entonces es mejor comprar más, ofreciendo un mejor precio de compra y un mejor precio medio de venta, o centrarse en la compra. Por lo tanto, como intercambiador, podrías aumentar tus ganancias convirtiéndote en trader, mientras que la oferta de servicios de trading te proporcionará una mejor manera de probar el mercado y perfeccionar tus habilidades.

Otra forma de obtener beneficios pequeños pero regulares es haciendo ofertas en lugar de aceptarlas. Una vez que colocas ofertas en la cartera de pedidos en lugar de aceptar ofertas que ya están colocadas, es posible que puedas obtener un mejor precio. Como estás prestando un servicio te conviertes en el creador del mercado, lo que permite que la plataforma de intercambio sirva como trader sin la necesidad de ganar grandes cantidades de tu propio capital mediante la integración de tu propia liquidez.

También hay casas de cambio que ofrecen recompensas cuando haces ofertas en lugar de aceptarlas. Estas recompensas podrían ser en forma de comisiones más bajas, o incluso incentivos y bonificaciones con Ether. Al convertirte en un intercambiador, puedes observar de cerca la tendencia al alza o a la baja del Ether, que es una lección fundamental que tienes que aprender para la inversión a largo plazo.

Una estrategia bien establecida es crucial para tener éxito en la inversión en Ethereum. Tienes que saber específicamente lo que quieres al abrir una operación, tu objetivo de ganancia, y tu punto de ruptura sobre la pérdida que puedes soportar. También es importante determinar en qué período de tiempo estás trabajando y qué tipo de cambio te llevaría a revisar tu estrategia.

Siguiendo la tendencia del Ether

En los mercados bursátiles y de divisas, las tasas de precio suelen ser a largo plazo. Todo el movimiento de los precios será en una sola dirección durante varios años o incluso meses a la vez. Una tendencia clara será consistente incluso si hay fluctuaciones en los precios. Los inversores experimentados del mercado a menudo buscan esta tendencia a largo plazo y pueden colocar sus inversiones de acuerdo con ella.

Como inversionista, en realidad no hay necesidad de que distingas el punto en el cual la tendencia cambiará y una nueva tendencia comenzará en contra de la anterior.

No importa si te lleva al menos seis meses verificar una tendencia si la tendencia promedio en un mercado determinado tarda un año en establecerse.

Análisis fundamental en la inversión en Ethereum

Si has intentado invertir en el mercado de valores, seguramente estás familiarizado con el análisis fundamental, que también puedes utilizar para hacer trading o invertir en divisas digitales como Ethereum.

De manera general, el análisis fundamental consiste en que mires los datos fundamentales que podrían afectar el precio de la moneda digital.

Esto incluye el volumen reportado por individuos y organizaciones que actualmente usan Ethereum, el número de transacciones con Ether cada día, el número de billeteras contra el número de billeteras activas, y muchos más. Estos datos pueden ayudarte a proyectar cuál es el valor real del Ether ahora. Tu decisión también dependerá de si piensas que el Ether está infravalorado o sobrevalorado y luego puedes negociar o invertir de acuerdo con tus suposiciones.

Aunque el análisis fundamental es una herramienta muy utilizada por los inversores para evaluar las diferentes clases de activos, como las acciones y las monedas fiduciarias, algunos expertos creen que esta estrategia puede ser más complicada si se utiliza para monedas digitales.

Por ejemplo, es fácil evaluar el stock de una empresa. Basta con mirar ciertas partidas en el balance de la empresa y decidir si vale la pena o no su valor.

Pero en el caso de Ethereum, no se pueden evaluar sus ganancias o ingresos.

Por lo tanto, puede ser un reto obtener una valoración precisa de Ethereum si tomas como referencia sus flujos de caja futuros de una manera similar a la valoración de otros activos, como por ejemplo las acciones de Amazon. En respuesta, los inversores en criptomonedas están utilizando ahora el análisis fundamental con base en un nuevo conjunto de métricas.

Aunque Ether se considera una nueva forma de clase de activos junto con Bitcoin, las mismas reglas podrían utilizarse para las divisas convencionales en el mercado de divisas. Además, todas las teorías y leyes económicas también afectan a las criptomonedas. Por lo tanto, el punto de partida de todo análisis fundamental debe ser la demanda y la oferta de la moneda, que puede afectar a los precios.

El papel de la demanda en la evaluación del Ether

Son varios los factores que afectan la demanda del Ether, por ejemplo, el trading real, su adopción y las transacciones. Los expertos en inversiones destacan la adopción por parte de los usuarios como crucial para la sostenibilidad de la moneda a largo plazo. En términos de lo que está impulsando que más usuarios la adopten, el Ether como moneda puede tener diferentes usos. En general, las monedas fiduciarias se utilizan para el intercambio de bienes y servicios, una unidad de cuenta o para el almacenamiento de valores. Más allá de la plataforma DAO, Ether nunca se ha utilizado como unidad de cuenta.

Pero ten en cuenta que Ether ya ha logrado generar mucho interés como una forma de intercambiar bienes y servicios y también de almacenar valor. Varias compañías de Fortune 500 están integrando Ethereum en sus operaciones.

Además, el número de transacciones diarias se ha estabilizado y ha aumentado desde septiembre de 2015, según los datos publicados por EtherScan. La oleada de transacciones comenzó en marzo de 2016 con 23,362 transacciones diarias hasta un promedio de 428,007 al momento de elaborar esta guía.

Pero aunque este factor puede ayudarte a entender cuántas personas están usando Ethereum hoy en día, puede que no sea el mejor criterio a tener en cuenta porque todavía hay un gran porcentaje de transacciones DAO que se generan a través de sistemas automatizados y que en realidad no reflejan ninguna actividad económica.

En cambio, los inversores deben encontrar una manera de determinar qué transacciones son completadas por personas reales que están recibiendo o enviando Ethers con otro usuario.

A medida que el Ether se haga más popular y muchas organizaciones empiecen a centrarse en las monedas digitales, se ampliará la aceptación de las criptomonedas como una forma de almacenar valor. La percepción del Ether como una forma segura de hacer esto es uno de los principales impulsores del precio de la moneda digital.

El papel de la oferta en la evaluación del Ether

A diferencia de Bitcoin, que tiene un tope de 21 millones de BTC, Ether no tiene tope de suministro. Esto supone otro reto para el inversor a la hora de realizar un análisis fundamental y determinar el papel de la oferta.

En 2014, Ethereum lanzó una preventa de Ether, que ha recaudado más de 14 millones de dólares. Se describió como uno de los mayores esfuerzos de financiación colectiva con algunas características de la Oferta Pública Inicial (IPO, por sus siglas en inglés).

Las donaciones recogidas de la preventa contribuyeron al suministro inicial, así como a la tasa de emisión actual. Los primeros inversionistas recibieron 60 millones de ETH, mientras que 12 millones de ETH fueron asignados al fondo de desarrollo, con el mayor porcentaje pagado a los primeros contribuyentes y desarrolladores.

Estas cifras se suman al suministro inicial de ETH, que asciende a 72 millones. Además, el protocolo de Ethereum permitió la creación de 5 ETH por cada bloque minado. Además, se permitió la creación de un máximo de 18 millones de ETH cada año.

Los analistas financieros consideran a Bitcoin como oro (debido a su límite de oferta) y a Ethereum como el dólar (debido a su oferta ilimitada).

Por lo tanto, el análisis fundamental que gira en torno al suministro de Ether puede ser similar a la evaluación de la moneda fiduciaria.

Monitoreo de las tendencias

Al igual que en el mercado de divisas y en el mercado de valores, el precio de ETH también puede verse afectado por lo que está sucediendo en el mundo. Por ejemplo, un cambio de moneda primario interrumpido por un ataque de virus, o un estado que anuncia la prohibición de las monedas digitales puede afectar el precio del Ether, mientras que las empresas que aceptan Ethereum o que reciben financiación a través de ETH pueden influir en que el precio suba.

Pero los analistas creen que confiar en las noticias para la inversión de Ethereum no se recomienda como estrategia principal. La razón de esto es que casi nadie tiene el lujo de escuchar siempre las noticias y reaccionar inmediatamente. Por lo general, el mercado ya habrá respondido antes de que puedas entender todo el escenario. Pero sí puedes utilizarlo como una estrategia de inversión complementaria para confirmar tus suposiciones de mercado.

Algunos inversores también capitalizan las correcciones del mercado. La mayoría de las veces, el mercado tiene la tendencia natural de reaccionar de manera exagerada ante cualquier noticia. Podrían entrar en pánico y vender sin siquiera entender la historia completa. Por lo tanto, una disminución del 20% en el precio del ETH, por ejemplo, suele ir seguida de un aumento de entre el 5% y el 10% a medida que el mercado se va ajustando a la moda. Esta es otra forma de utilizar los informes de noticias para las inversiones de Ethereum.

Swing trading con Ethereum

Hasta ahora, las estrategias que hemos explorado se consideran estrategias de inversión a largo plazo.

Pasarán meses o incluso años antes de que puedan proporcionarte beneficios sustanciales. Siempre existe el riesgo de terminar con rendimientos muy mínimos, o incluso que termines perdiendo tu capital.

Si deseas una forma más rápida de obtener beneficios en Ethereum, puedes probar el comercio diario, que es básicamente el método de compra o venta de unidades sobre la base de las fluctuaciones a corto plazo en el curso de los días o incluso minutos.

En el mercado de valores y de divisas, la estrategia más común en el comercio diario, que también se puede utilizar en criptomonedas como Bitcoin y Ether, se denomina swing trading. Se trata de un método que se puede utilizar para determinar los puntos de inflexión en las tendencias a corto plazo.

Podrías obtener beneficios del swing trading o de las fluctuaciones reales en el precio del ETH, ya sea que la dirección sea ascendente o descendente. En esta estrategia, hay que buscar los niveles de soporte y resistencia.

Los niveles de resistencia se refieren a la situación en la que se proyecta una tendencia alcista para hacer frente a la resistencia de los vendedores que obtienen beneficios. Los niveles de soporte, por otro lado, se refieren al movimiento a la baja del precio, que se espera que encuentre la resistencia de los compradores que están participando en el comercio por un precio muy bajo.

Análisis técnico para Ethereum

En el análisis técnico, es necesario utilizar patrones de gráficos y fórmulas matemáticas para predecir el movimiento futuro del precio de la ETH. A diferencia del análisis fundamental, el análisis técnico se basa totalmente en el movimiento de los precios en el pasado y en la predicción del volumen. Por lo tanto, no cubre ninguna suposición sobre si el precio es demasiado alto o bajo.

Más bien, los analistas técnicos creen que hay ciertos patrones y tendencias recurrentes que normalmente aparecerán en cualquier mercado financiero.

La mayoría de estos patrones dependen de la psicología humana, con base en la teoría de que quienes participan en los mercados son personas que tienen la tendencia natural de actuar de una manera particular ante diversos movimientos de precios. Algunos inversionistas también sugieren que las fluctuaciones de precios se ven afectadas por el comportamiento de los participantes. Por lo tanto, comprender el comportamiento humano en cuanto a riesgos y recompensas puede ayudarte a hacer una buena inversión.

El análisis técnico se centra más en el enfoque práctico, evaluando el historial del activo a través de gráficos de precios y utilizando varias herramientas analíticas para hacer suposiciones inteligentes sobre cómo se siente el mercado con respecto a Ethereum.

Mientras que el análisis fundamental se trata más bien de estimar el valor de la unidad, el análisis técnico se centra más en el seguimiento del movimiento real de los precios y la predicción de lo que sucederá a continuación. Cuando se observa la historia de los precios de Ethereum, se pueden observar las tendencias comunes, como los niveles de soporte y resistencia.

Para una mejor comprensión del análisis técnico, es importante estar familiarizado con los conceptos básicos de la Teoría de Dow, que se utiliza como estándar en el análisis de acciones y divisas.

Aquí están los principios fundamentales de la teoría de Dow:

1. La historia tiende a repetirse. Al entender la psicología humana básica, puedes ser capaz de proyectar el movimiento del mercado, y así responder de acuerdo a lo que sucedió en el pasado.

Por ejemplo, monedas digitales como Bitcoin y Ether han demostrado regularmente movimientos alcistas después de eventos significativos, como anuncios de apoyo a estas plataformas.

2. **Las fluctuaciones de precios no son completamente aleatorias, sino que siguen tendencias que pueden ser de corto o largo plazo.** Si una unidad está siguiendo una tendencia, hay una alta probabilidad de que ésta continúe y luego vaya en contra. A través del análisis técnico, puedes identificar las tendencias de Ethereum y obtener algún beneficio de la diferencia de precio si estás interesado en hacer trading.

3. **Concéntrate en la oferta y la demanda predominantes**. En el análisis técnico, hay que centrarse más en el historial de una unidad y no tanto en los factores específicos que han causado la fluctuación.

A pesar de que hay varios factores que sí debes considerar, los creyentes del análisis técnico normalmente toman un enfoque más directo al evaluar la oferta y la demanda actual.

4. El mercado descontará los eventos pasados. Toma nota de que todas las suposiciones pasadas, presentes e incluso futuras ya se han tenido en cuenta en el precio actual de una unidad. Para el Ether, esto también incluye la demanda pasada, presente y futura junto con las regulaciones actuales que están afectando a las monedas digitales. El precio actual ya refleja toda la información actual, lo cual incluye las expectativas de los participantes en el mercado. Por lo tanto, también debes considerar lo que el precio está significando sobre el estado de ánimo del mercado para que puedas hacer predicciones más inteligentes sobre los movimientos de los precios.

Evaluando las tendencias de Ethereum

Un vistazo más cercano al movimiento general del Ether puede ayudarte a hacer una buena inversión en divisas digitales. Sin embargo, puede ser un desafío aislar estas tendencias para el análisis.

Las monedas digitales son ahora muy volátiles, y la evaluación de un gráfico de las fluctuaciones de los precios del Ether suele revelar una serie de subidas y bajadas.

Pero utilizando el análisis técnico, podrías mirar más allá de la volatilidad e identificar la tendencia alcista cuando veas una serie de caídas y subidas extremas. Por el contrario, es posible aislar una tendencia a la baja cuando se identifica una secuencia de altos y bajos. Además, también conviene que tengas en cuenta las tendencias laterales, en las que la unidad puede mostrar una tendencia al alza o a la baja.

Toma nota de que las tendencias normalmente vienen en varias longitudes (a corto, mediano y largo plazo).

La estrategia de comprar y mantener

La otra estrategia comercial es comprar y mantener el Ether. Esta práctica reconoce las cargas de potencial en tokens de Ether, así como en criptomonedas de forma general. Esta estrategia es muy sencilla, y como su nombre lo indica, simplemente requiere que "compres" los tokens de Ether y "mantengas" esos mismos tokens durante cierto tiempo.

Esta estrategia, también llamada estrategia de almacenamiento en frío, consiste básicamente en adquirir un suministro de tokens de Ether, y luego mantener el suministro en un lugar seguro. Ejemplos de estos lugares seguros son las billeteras de hardware y las billeteras de papel.

Te presentamos algunas ventajas de la estrategia:

- Puede generar una alta ganancia de capital a largo plazo; como se ha demostrado, los tokens de Ether pueden incrementar su valor. La idea es abastecerse de tokens y luego evitar tocarlos durante al menos 2 años. Una vez que vuelvas a abrir tu cuenta, puedes vender tus tokens de Ether, que podrían tener un precio mucho más alto para entonces.
- Otorga una oportunidad rentable a las personas que no tienen conocimiento de términos financieros complejos y antecedentes en el trading. No es necesario que estudies los gráficos, análisis técnicos y fundamentales, y otros fundamentos del trading.

Pero esta estrategia también trae consigo algunas desventajas. He aquí algunas de ellas:

- Es una estrategia que depende del tiempo. Y como tal, requiere una inversión de tiempo de varios años.

- Ata el capital. Al ser una estrategia a largo plazo, no te permite buscar otras oportunidades rentables con tu capital. Y desafortunadamente, no viene con una garantía del 100% de que tu capital se multiplicará.

Capítulo 7: Paso 3: Abre una cuenta

Aunque no es muy sencillo, invertir en Ether y Ethereum tampoco es un proceso demasiado complejo. Un individuo interesado (incluso un no especialista) simplemente necesita suficientes fondos que estén reservados exclusivamente para ETH. Y aunado a ello, seguir los siguientes pasos.

Una billetera

En primer lugar, un inversionista interesado en ETH necesita abrir una cuenta en una billetera de Ethereum. Hacerlo te dará autoridad sobre el Ether en cuanto a su almacenamiento y a las transacciones (envío y pagos) con esta criptomoneda.

Una vez que has elegido una billetera Ethereum, se recomienda que crees una primera contraseña extremadamente segura. De lo contrario, podrías ser fácilmente hackeado. Especialmente si planeas almacenar muchos Ether en tu billetera, es esencial que protejas tu privacidad.

Una estrategia es utilizar un algoritmo especial de hashing que permite la generación de contraseñas basadas en el tiempo (es decir, viene con una función de generación de contraseñas de 30 segundos). Esto duplica la seguridad de la contraseña existente y la crea de forma más compleja.

Más allá de la protección de tu contraseña, otros consejos con respecto a la seguridad de las billeteras de Ethereum son las siguientes:

- Debes proteger las claves privadas de tu billetera. Es aconsejable mantener estas claves en privado (es decir, no compartirlas con personas al azar).

- No debes guardar tus ahorros de ETH en una billetera basada en la web; esto para minimizar las posibles pérdidas.

Dado que Ethereum es una plataforma descentralizada, no existe ninguna autoridad que pueda facilitar la devolución de los fondos perdidos o robados. Por lo tanto, si los pierdes o si te los robaran, lo más probable es que no se recuperes esos Ether.

- Se recomienda que mantengas billeteras de ETH separadas para diferentes propósitos. Después de todo, a un individuo se le permite un número ilimitado de billeteras. Por ejemplo, procura una billetera de ETH para tus ahorros, y otra para tus gastos habituales.

Factores que debes tener en cuenta al elegir billeteras

Es importante elegir el tipo correcto de billetera Ethereum, ya que cada tipo tiene sus propios pros y contras. Ya sean *billeteras basadas en la web, de escritorio, de hardware o móviles*, debes considerar las ventajas y desventajas de cada una.

Características de las billeteras basadas en la web:

- Autorizadas por fuentes de terceros.
- Se pueden sincronizar a billeteras de escritorio y móviles.
- Permiten el almacenamiento en línea de claves privadas.

Características de las billeteras de escritorio:

- Ofrecen una interfaz de usuario atractiva.
- Soportan múltiples criptomonedas.
- Soportan múltiples plataformas.
- Permiten la recuperación vía correo electrónico y la restauración de fondos.

Características de las billeteras de hardware:

- Cuentan con una interfaz de usuario fácil de navegar
- Soportan múltiples criptomonedas
- Almacenamiento compacto; guardan todos los tokens de Ether en un solo lugar

- Permiten el almacenamiento fuera de línea de claves privadas
- Imposibles de hackear en línea
- Difíciles de hackear cuando están fuera de línea
- Duraderas
- Resistentes al agua
- Permiten la recuperación vía correo electrónico y la restauración de fondos cuando el dispositivo se pierde o es robado.

Características de los monederos móviles:

- Se pueden utilizar con tecnología NFC (o Near Field Communication)
- Soportan múltiples criptomonedas

- Permiten una fácil accesibilidad de las claves públicas y privadas; las claves no salen de los dispositivos móviles.

Crear billeteras de papel

También puedes crear billeteras de papel, especialmente si eres un inversor a la antigua usanza. Aunque podrías perderlas accidentalmente, estas billeteras de papel pueden ser muy seguras para el almacenamiento a largo plazo. Son imposibles de hackear y no son susceptibles a fallos informáticos.

Características de las billeteras de papel:

- Permiten imprimir en papel las claves públicas y privadas

- Consideradas populares y relativamente seguras

- Permiten el almacenamiento en lugares seguros (por ejemplo, una institución financiera de confianza y una caja de seguridad).

Aquí hay una guía sencilla de 3 pasos para crear billeteras de papel:

- Paso 1: Primero, compra una impresora láser específica, una con poca capacidad de memoria y sin características extravagantes (por ejemplo, sin conectividad Wifi o inyección de tinta).

- Paso 2: A continuación, compra papel impermeable y a prueba de roturas.

- Paso 3: Finalmente, crea tu billetera a través de un generador de billeteras en línea. Para hacer esto, necesitarías conectarte a Internet y generar una primera dirección.

Luego, después de desconectarte de la red, genera una segunda dirección para imprimir. Esta segunda dirección es la dirección de tu billetera oficial.

Recuerda proteger bien tu clave privada. Se aconseja que crees varias pautas de seguridad para saber si alguien ha estado espiando tu clave privada.

Las mejores billeteras para Ethereum

La billetera oficial para los usuarios de Ethereum es Mist.

Aquí hay una guía de 4 pasos para usar Mist:

- Paso 1: Primero, descarga Mist y selecciona Ethereum-Wallet-Your-System. Asegúrate de que estás descargando la última versión y que tu sistema cumpla todos los requisitos.

- Paso 2: A continuación, ejecuta Mist y espera a que el nodo se sincronice.

- Paso 3: A continuación (y una vez que el nodo Ethereum esté 100% sincronizado), se te pedirá que selecciones una red. Tus opciones son:

- **Usar la red de prueba**. Esta opción permite probar la aplicación Mist libremente (sin usar tokens de Ether reales) en una red de prueba.

- **Usar la red principal**. Esta opción requiere tokens de Ether reales para la ejecución de los contratos.

- Paso 3: A continuación, se te pedirá que crees una contraseña.

- Paso 4: Finalmente, se te redirigirá al panel de control de tu cuenta. Allí verás la cantidad de tokens de Ether que posees, así como el estado de sincronización del nodo Ethereum.

Mientras que Mist es la billetera oficial de Ethereum, puedes elegir usar otras billeteras. Otras que son recomendadas para Ethereum son las siguientes:

Billeteras basadas en la web:

- MyEtherWallet
- Coinbase
- Ethereum Wallet

Billeteras de escritorio:

- Mist
- MetaMask
- Geth

- Exodus

Billeteras de hardware:

- Trezor
- Ledger Nano S
- KeepKey

Billeteras moviles:

- Mycelium
- Jaxx

Casas de cambio: no se recomiendan como billeteras

Aunque pueden ofrecer soporte para Ethereum, no se recomienda el uso de algunas casas de cambio digitales (por ejemplo, CEX.io, shapeshift.io, poloniex, Kraken y BitPanda) como billeteras. Claro, si usas estos servicios, podría ser conveniente dejar y almacenar tus tokens de Ether en sus plataformas.

Sin embargo, la naturaleza principal de las casas de cambio es ser un portal para los traders de criptomonedas. Sus servicios se centran en facilitar los intercambios justos. Y desafortunadamente, mantener tus tokens de Ether seguros no es su prioridad.

Financiación de la cuenta

Después de crear una billetera para Ethereum, el siguiente paso es depositar fondos en tu cuenta. Necesitarás un suministro de tokens de Ether, que puedes comprar en efectivo, con tarjeta de crédito u otros métodos de pago.

Compra de fichas de Ether a través de billeteras

Para exponer lo siguiente, utilizaremos como ejemplo la billetera oficial de Ethereum, Mist. Como ya se ha señalado, será tu decisión si usar esta u otra billetera para Ethereum. Y como las billeteras de Ethereum siguen conceptos similares, puedes utilizar las siguientes instrucciones como referencia para cualquier otra.

Aquí hay una guía paso a paso para comprar tokens de Ether a través de billeteras

- Paso 1: Primero, ejecuta Mist y navega hacia la Etherbase, que sirve como tu cuenta principal.

- Paso 2: Luego, localiza la sección de **Depósito de Ether** en la parte superior derecha de la Etherbase.

- Paso 3: Finalmente, introduce los detalles de tu método de pago preferido.

Compra de tokens de Ether a través de casas de cambio

También puedes elegir depositar fondos en tu cuenta comprando tokens de Ether a través de casas de cambio.

Para el siguiente ejemplo utilizaremos CEX.io, una casa de cambio que abastece a clientes de todo el mundo. Ten en cuenta que las comisiones por transacción en la casa de cambio se calculan en la tasa de ETH, por lo que te podría parecer relativamente alta.

Aquí hay una guía de 5 pasos para comprar tokens de Ether a través de casas de cambio:

- Paso 1: Primero, abre una cuenta en CEX.io.
- Paso 2: A continuación, haz clic en la pestaña **Depósito**. Allí, introduce los detalles de tu cuenta bancaria, tarjeta de crédito o método de pago preferido.
- Paso 3: A continuación, navega hasta la sección **Comprar/Vender**.
- Paso 4: A continuación, elige Ethereum y especifica el número de tokens de Ether que deseas comprar.
- Paso 5: Finalmente (y una vez que verifiques tu entrada con respecto al número de tokens de Ether que quieres comprar), haz clic en **Comprar Ethereum**.

Financiamiento de cuentas mediante la inversión en CFDs de Ethereum

Además de los medios convencionales (y populares) de financiación de tu cuenta, puedes invertir en CFC (o Contrato por Diferencia) de Ethereum.

La idea detrás de estos CFD es que como alternativa a la compra de tokens de Ether reales, puedes hacer trading con tokens de Ether de acuerdo a un tipo de cambio. Mientras que esto puede ponerte en un riesgo financiero mayor eres un trader sin experiencia, invertir en CFDs Ethereum también puede ser muy lucrativo.

Financiamiento de cuentas por medio del minado

También puedes depositar fondos en tu cuenta mediante el minado de tokens de Ether.

Dado que utiliza una cadena de bloques PoW e implica una disminución de las recompensas por bloques, es similar al minado de Bitcoins. Al extraer tokens de Ether, es mejor utilizar GPUs dedicadas exclusivamente a esta labor.

CAPÍTULO 8: CAPÍTULO 4: DIVERSIFICA TUS INVERSIONES EN MONEDAS DIGITALES

A pesar de que estás invirtiendo en Ethereum, que es una nueva plataforma para almacenar valor, esta estrategia de inversión clásica todavía aplica: la diversificación es lo más importante. Es de suma importancia aprender a diversificar tus inversiones en monedas digitales.

Incluso si deseas centrar tus inversiones en criptomonedas, debes diversificar tus inversiones comprando y manteniendo diferentes monedas digitales que ahora están demostrando un gran potencial.

Al diversificar tus inversiones en divisas digitales, podrás maximizar tus ganancias en varias áreas que reaccionarán de manera diferente ante el mismo evento. Aunque esto no te garantizará ninguna pérdida, la diversificación de tu inversión te asegurará tu permanencia en la inversión a pesar de lo que pueda ocurrir en los mercados financieros.

En este capítulo, conocerás otras tres monedas virtuales además de Bitcoin y Ether.

Litecoin (LTC)

Litecoin es una moneda virtual que utiliza una tecnología similar a la de Bitcoin y Ethereum. Fue creada por Charlie Lee, un ex ingeniero de Google que construyó esta criptomoneda como una plataforma de pago de código abierto. Al igual que Ethereum y Bitcoin, también está libre de cualquier gobierno por parte de una sola entidad.

Pero Litecoin es diferente de Ethereum en áreas como el uso de scrypt como sistema de prueba de trabajo, y también proporciona una creación de bloques más rápida.

Básicamente, LTC está diseñada como una moneda digital de menor escala y fue desarrollada con el objetivo de resolver los problemas de la tecnología Bitcoin. Litecoin es ahora una unidad de inversión prometedora porque ya ha alcanzado un pico de liquidez y volumen.

También es interesante que tengas en cuenta que el minado de LTC es tan rápido como el del Ether. Como tal, se ha convertido rápidamente en una de las principales monedas digitales del mundo en términos de valor. También es más fácil de minar en comparación con Bitcoin y Ether.

La oferta de LTC se fija en 84 millones y el valor actual de 1 LTC en USD es de 47.31 dólares, lo que podría aumentar significativamente en los próximos años.

Ripple (XRP)

Ripple se introdujo en 2012 como una red de liquidación global que ofrece pagos internacionales de bajo costo. Este efectivo virtual permite a los bancos realizar pagos en el extranjero en tiempo real con total transparencia y a precios económicos. XRP es considerada como una de las criptomonedas más valiosas de la actualidad, con una capitalización de mercado de alrededor de 1.260 millones de dólares.

Al igual que Ethereum, XRP también funciona con la tecnología de cadenas de bloques, llamada libro de consensos, que actúa como una forma de confirmar las transacciones.

Pero esta moneda digital no requiere del minado, por lo que no hay necesidad de latencia de red ni de potencia computacional. Los creadores de XRP creen que la distribución del valor es una mejor manera de incentivar comportamientos particulares. Por lo tanto, los traders de XRP están distribuyendo la moneda a través de acuerdos comerciales, pagos y recompensas.

Aunque el XRP fue lanzado al público en 2012, en realidad fue creado antes que Ethereum. Ryan Fugger trabajó por primera vez en el proyecto en 2004 como un sistema de efectivo descentralizado que pudiera permitir a empresas e individuos crear fácilmente su propio almacenamiento de valor.

En esencia, el XRP es un certificado de adeudo, y las transacciones están compuestas básicamente por saldos que se transmiten en una secuencia de reservas de efectivo virtuales de un usuario a otro.

Al momento de elaborar esta guía, el volumen total de XRP en el mercado está valorado en alrededor de 500 millones de dólares y el valor de XRP a USD es de 0.21021. Esto significa que esta moneda digital tiene todavía mucho espacio para el crecimiento.

Zcash (ZEC)

Zcash es una de las monedas digitales de código abierto más recientes, pues se introdujo a finales de 2016, pero ya ha llamado la atención de muchos inversores y traders.

Básicamente, Zcash se posiciona como una forma más segura de moneda digital. Ofrece privacidad y transparencia en las transacciones. Por lo tanto, a menudo se hace referencia a ella como el https de las monedas digitales, ya que ofrece una privacidad o seguridad adicional en la que, si bien todas las transacciones aparecen en el libro mayor, todos los detalles permanecen ocultos.

Zcash también ofrece a sus usuarios la opción de transacciones protegidas que permitirán que su contenido sea encriptado a través de estrategias criptográficas avanzadas o pruebas de conocimiento cero conocidas como zk-SNARK.

Al momento de elaborar esta guía, el volumen de mercado de la ZEC se sitúa en torno a los 68 millones de dólares y su precio es de 264.21 USD.

Conclusión

A estas alturas, seguramente ya cuentas con una mejor comprensión sobre lo que es Ethereum y ya puedes decidir si es un buen instrumento ya sea para invertir tu dinero o para obtener beneficios a través del trading.

CPSIA information can be obtained
at www.ICGtesting.com
Printed in the USA
BVHW070025130421
604736BV00004B/732

9 781646 940196